Conociendo y Amando a Dios

Presentando a Dios a los hijos de todas las religiones

POR THE SINCERE SEEKER **KIDS** COLLECTION

Dios

DIOS ES UNO Y ÚNICO.
DIOS ES NUESTRO CREADOR.
DIOS CONTROLA Y CUIDA DE TI Y DE MÍ Y DE
NUESTRAS FAMILIAS Y TODO LO DEMÁS TAMBIÉN.
DIOS NOS DA COMIDA Y UNA CAMA CÁLIDA Y
ACOGEDORA DONDE ESTAMOS SEGUROS Y SANOS.

DIOS ESTÁ MUY POR ENCIMA DE LOS

CIELOS.

DIOS CREÓ PLANETAS GRANDES Y
PLANETAS PEQUEÑOS.
DIOS CREÓ LA TIERRA PARA QUE
VIVIÉRAMOS EN ELLA.
DIOS CREÓ ESTRELLAS BRILLANTES PARA
DARNOS LUZ.
DIOS CREÓ TODO EL UNIVERSO.

DIOS CREÓ LA LUNA **llena**.
DIOS CREÓ Las NUBES GRISES.
DIOS HACE CAER LA LLUVIA SOBRE LA TIERRA PARA
alimentarla y limpiarla.
DIOS HACE QUE EL VIENTO SOPLE EN
DIFERENTES DIRECCIONES.
DIOS HACE QUE EL SOL BRILLE.

DIOS CREÓ EL AGUA FRÍA Y TAMBIÉN EL AGUA CALIENTE.

DIOS CREÓ LOS HERMOSOS RÍOS AZULES.

DIOS CREÓ LOS GRANDES OCÉANOS ONDULADOS.

DIOS CREÓ LOS PROFUNDOS Y OSCUROS MARES.

DIOS HACE QUE LAS *olas* SE MUEVAN Y SE AGITEN.

DIOS CREÓ ALTAS MONTAÑAS

DIOS CREÓ bajas MONTAÑAS NEVADAS.

DIOS CREÓ LOS PLÁTANOS Y LAS NARANJAS
PARA QUE COMAMOS DE ELLOS.
DIOS CREÓ HERMOSAS Y OLOROSAS
FLORES DE DIFERENTES TIPOS Y COLORES
PARA QUE LAS DISFRUTEMOS.

DIOS CREÓ FAMILIAS FELICES PARA
PASAR TIEMPO JUNTOS.
DIOS CREÓ PADRES AMOROSOS PARA QUE NOS
CUIDEN Y NOS AMEN Y PARA QUE SEAMOS
BUENOS CON ELLOS.
DIOS CREÓ HERMANOS Y HERMANAS
DIVERTIDOS PARA QUE TE CUIDEN Y PARA
QUE TÚ LOS CUIDES.

DIOS CREÓ GRANDES ANIMALES COMO LOS ELEFANTES AFRICANOS Y LOS OSOS PARDOS Y CAIMANES VERDES CON DIENTES AFILADOS.

DIOS CREÓ ANIMALES pequeños COMO LA diminuta MARIQUITA Y EL ZUMBADOR ABEJORRO. DIOS CREÓ SALTAMONTES SALTARINES, LAS diminutas hormigas Y LAS LIBÉLULAS VOLADORAS.

DIOS CREÓ ALIMENTOS NUTRITIVOS PARA AYUDAR A QUE NUESTRO CUERPO CREZCA **SANO** Y **FUERTE**. DIOS CREÓ BEBIDAS SABROSAS PARA

CUANDO TENGAS SED.

DIOS CREÓ LAS UVAS MORADAS, EL DELICIOSO PAN FRESCO, EL QUESO AMARILLO, EL JUGOSO POLLO Y LAS DELICIOSAS MANZANAS ROJAS.

DIOS REGALA A LA GENTE LA VIDA Y LES
REGALA TAMBIÉN MUCHAS COSAS.
DIOS NOS REGALÓ UN HOGAR CÓMODO
PARA VIVIR, UN AUTO PARA
CONDUCIR, NUESTROS JUGUETES
FAVORITOS PARA JUGAR, NUESTRAS
MANOS PARA HACER COSAS Y NUESTROS PIES
PARA CAMINAR, NUESTROS OJOS PARA VER,
NUESTROS OÍDOS PARA OÍR, Y NUESTRAS
BOCAS PARA COMER Y HABLAR.

DIOS VE Y SABE TODO LO
QUE OCURRE.
DIOS ESCUCHA TODO LO
QUE SE DICE.

DIOS ES **MUY** CARIÑOSO.
DIOS NOS AMA **MUCHO, MUCHO.**
DIOS SE PREOCUPA **MUCHO POR NOSOTROS.** NOSOTROS TAMBIÉN DEBERÍAMOS AMARLO.

TODO EL BIEN VIENE DE DIOS.
ÉL ES LA LUZ DE LOS CIELOS Y DE LA TIERRA.
DIOS PONE LUZ EN EL
CORAZÓN DE LA GENTE.

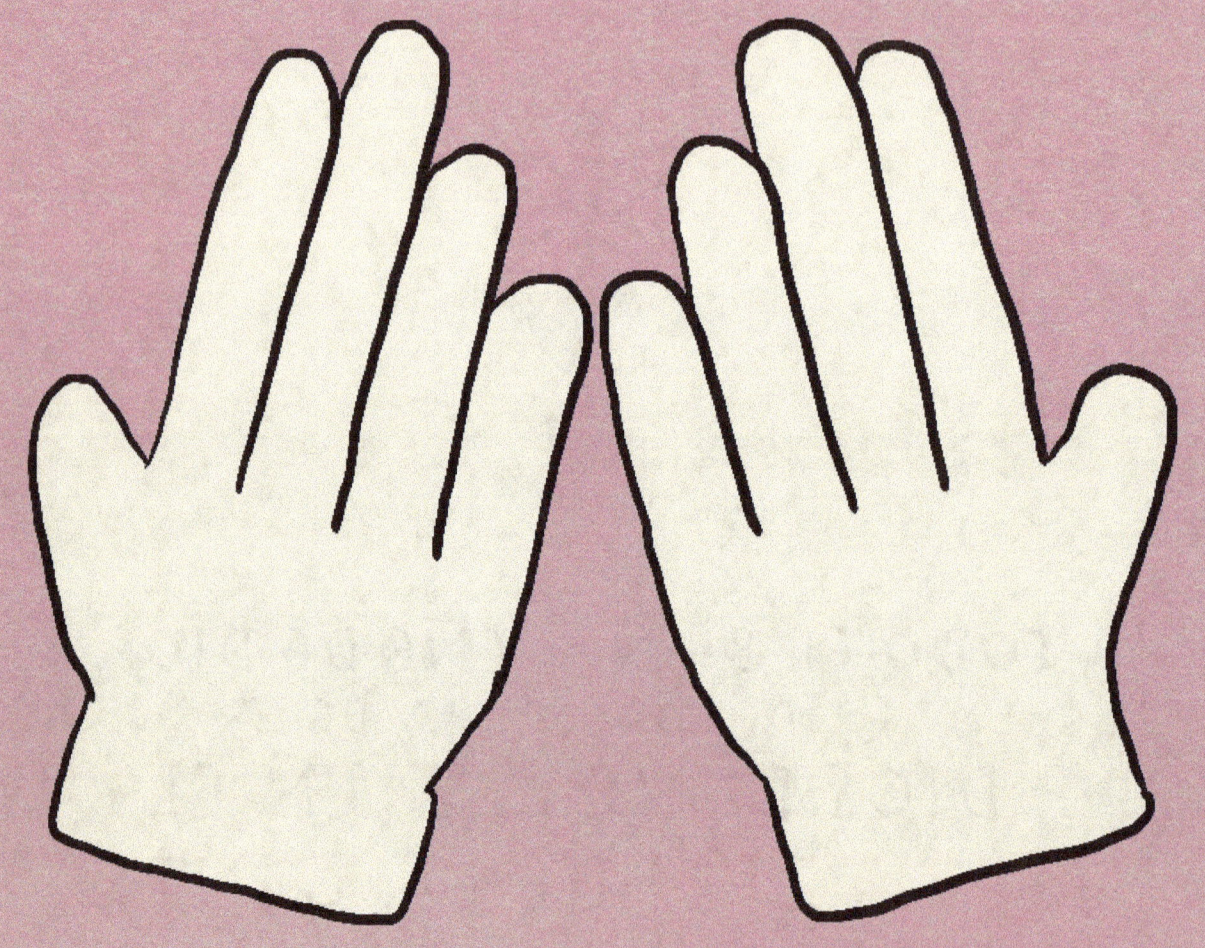

REZAMOS A DIOS PORQUE DIOS NOS
CREÓ Y NOS AMA,
Y NOSOTROS TAMBIÉN AMAMOS A DIOS.
DIOS RESPONDE A NUESTRAS ORACIONES
CUANDO SE LO PEDIMOS.
SIEMPRE DEBEMOS HABLAR CON DIOS.

DIOS REGALARÁ A LAS PERSONAS BUENAS EL PARAÍSO, DONDE OBTENDRÁN TODO LO QUE DESEEN Y VIVIRÁN FELICES PARA SIEMPRE.

FIN.

www.ingramcontent.com/pod-product-compliance
Lightning Source LLC
Chambersburg PA
CBHW081012120626

46546CB00010B/3123